15 cent. N° 12. 20 cent. par la poste

SOCIÉTÉ D'INSTRUCTION RÉPUBLICAINE

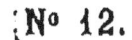

LE SUFFRAGE UNIVERSEL

PAR

ÉDOUARD MILLAUD

Représentant du Peuple

I. R.

PARIS
SOCIÉTÉ D'INSTRUCTION RÉPUBLICAINE,
rue Saint-Jacques, 161
ARMAND LE CHEVALIER, éditeur, 61, rue de Richelieu
ERNEST LEROUX, éditeur, 24, rue Bonaparte
1873

Tous droits réservés.

LE
SUFFRAGE UNIVERSEL

PAR

ÉDOUARD MILLAUD

REPRÉSENTANT DU PEUPLE

―――—⚬⚬⚭⚬⚬—―――

PARIS

SOCIÉTÉ D'INSTRUCTION RÉPUBLICAINE
RUE SAINT-JACQUES, 161

ARMAND LE CHEVALIER, ÉDITEUR
RUE DE RICHELIEU, 61

ERNEST LEROUX, ÉDITEUR
RUE BONAPARTE, 24

1873

LE
SUFFRAGE UNIVERSEL

I

LE SUFFRAGE SANS RÉFLEXION.

L'ennemi est encore sur notre territoire, l'orage fuit à peine. Nous sommes malheureux. Cherchons et découvrons la cause de nos cruelles épreuves. Que les événements terribles dont nous avons été les témoins, depuis le mois d'août 1870, soient pour nous une éclatante leçon.

Est-il quelqu'un qui puisse ignorer maintenant par quelle voie funeste nous avons été conduits de la sombre nuit de décembre à la fatale journée de Sedan ? Est-il un citoyen assez étranger à la chose publique pour méconnaître que nous devons nos désastres à la perte première de notre liberté ; est-il un électeur qui puisse nier que nous subissons en ce moment les effets de notre indifférence? Nous sommes misérables pour n'avoir point été assez vigilants : notre coupable abandon de la souveraineté en des mains indignes nous a valu l'amoindrissement de la patrie.

Voilà les tristes vérités, les réalités poignantes sur lesquelles nous ne saurions trop réfléchir.

Pour avoir laissé l'autorité despotique d'un homme se substituer à la volonté libre de la nation, nous avons vu tous les fléaux s'abattre sur la France.

C'est d'abord la conspiration de Bonaparte contre la République ; puis le coup d'état et la plus hideuse victoire de la force ; ensuite commence l'ère du second empire.

La délation est encouragée, la police est érigée en institution, la proscription devient un principe.

La courtisanerie triomphe ; la fermeté est suspecte, la résistance est criminelle. La majesté de la justice se courbe devant le caprice du prince, tandis que la religion même brûle son encens aux pieds du parjure.

La presse quotidienne, qui n'est point rebutée par les poursuites, suffoque entre les avertissements et les condamnations, le journal officieux soumis aux ordres du pouvoir, force les consciences des citoyens; l'agiotage favorise les rapines des parvenus d'autant plus insatiables qu'ils ne croient pas à la durée de leur conquête; un luxe sans frein, une littérature sans honneur, un théâtre sans art diminuent les esprits et abaissent les caractères.

Alors, le mot d'ordre est de flatter les classes laborieuses dans leurs erreurs. Les préfets ont la mission d'user de tous les moyens pour contenir la grande armée du travail. Promesses, grands mots, subventions, rien ne leur coûte pour essayer d'enchaîner l'indépendance des ouvriers et des paysans.

Il faut changer en instruments de despotisme ceux qui pourraient broyer l'empire en une élection, s'ils savaient s'entendre et se méfier des donneurs de conseils trop souvent intéressés.

Corrupteur par système et par goût, le prince jette au peuple les miettes du festin impérial. La foule a les fêtes publiques; la bourgeoisie admire le faste des réceptions officielles.

On trompe l'Europe sans parvenir à se faire accepter d'elle, et le besoin de paraître conduit à l'imprudence d'étaler les splendeurs de Paris devant les souverains qui nous haïssent le plus. Notre armée, redoutée du monde entier, est laissée en un tel abandon qu'elle ne trouvera pas même des armes e des munitions au service de son courage, quand viendra le jour de l'invasion étrangère.

Ainsi le pays descend vers l'abîme. Les grandes et généreuses passions qui sont la vie même des peuples une fois éteintes par raison d'état, tous les vices de la servitude germent et se développent bientôt. Les branches robustes du vieux chêne gaulois ont cessé de se développer au grand air ; c'est vers le sol maintenant que rampent toutes les tiges.

Et quand enfin, malgré une compression constante, la riche nature du peuple français l'emporte, quand la sève généreuse de la nation semble circuler de nouveau, Bonaparte se venge du réveil de l'esprit public en jetant la France dans une guerre insensée.

Si courbé sur ton sillon, travailleur des champs, tu réfléchis à toutes ces choses ; si, pendant que tu laisses un instant souffler tes bœufs, tu veux rechercher la cause du désordre matériel et moral au milieu duquel a vécu le gouvernement de Napoléon III, tu la trouveras sans peine. Tu as été trop confiant, trop crédule, trop généreux de tes votes.

Le fils d'un paysan, comme toi et moi, découvre la vapeur ; un autre invente le condenseur isolé ; un autre applique la machine à double effet ; un autre enfin lance sur des routes de fer les locomotives! voilà le monde transformé.

Le commerce prend une extension jusque là inconnue ; les produits de la campagne sont facilement portés vers les grands centres ; tu vends ton blé à très-bon prix au marché voisin ; tu expédies à Paris les récoltes que tu ne pourrais loger dans tes greniers.

Dis-moi, je t'en prie, électeur des campagnes, dois-tu ce bienfait à l'empereur ou aux savants, aux travailleurs comme toi, qui ont mis les chemins de fer à la disposition du commerce et de l'industrie ?

Est-ce l'empereur qui t'a fait vendre ton beurre, ton lait et tes légumes à la ville voisine ; est-ce lui qui remplissait de belles pièces blanches les poches de ta ménagère ?

Lui, comment n'y songeais-tu pas, il te demandait tes économies pour payer son luxe ; c'est pour satisfaire sa vanité que tu retirais de leur cachette tes louis d'or amassés péniblement.

Mais tu avais doté ta fille ; tu avais acheté un attelage ; tu avais fait élever un mur autour de ta propriété, et, content de ton sort, tu attribuais sans réflexion ton bien-être à Napoléon III et à ses amis.

De là ton erreur ! Et tu votais pour le candidat officiel. J'entends encore cet important personnage te dire qu'il avait dîné chez le préfet, qu'il voulait aller souper aux Tuileries, et qu'en dînant et en soupant, à droite et à gauche, il trouverait bien le moyen de faire le bonheur de ta famille, et même de tout le village.

Et comme tu labourais, tu piochais, tu semais la terre ; comme après la pluie resplendissait un beau soleil, tu avais de bonnes récoltes,...., et tu votais encore, tu votais toujours pour le candidat officiel.

Quelle imprudence était la tienne !

Un jour vint même, au mois de mai 1870, où tu fus consulté avec tous les Français pour savoir si tu étais satisfait de l'empire.

En te dégageant de la pression officielle, tu pouvais à ton gré dire *oui* ou *non*.

Alors tes amis t'avertirent et les meilleurs citoyens t'invitèrent à méditer sur ton vote ; celui-ci te prévint que la prospérité dont tu jouissais n'était pas sûre ; celui-là te pria de remarquer à quel point le luxe de la maison impériale ressemblait à celui de certains parvenus criblés de dettes et obérés par les inscriptions hypothécaires ; prends garde, prends garde, te disait-on, fais tes affaires toi-même, ne te lie pas à un Bonaparte, tu serais victime de ta bonne foi !

Mais tu n'entendis rien. Le préfet, le sous-préfet, le percepteur, le juge de paix, et même le garde champêtre t'entourèrent et tu négligeas les bons conseils.

Et toi qui voulais l'économie des finances, tu as assisté à leur dilapidation. Toi qui réclamais la paix, tu as eu la guerre. Et tes fils sont morts, et les chevaux prussiens ont piétiné dans tes champs, et ta ferme a été brûlée.

Que sont devenus tes beaux attelages ?

Tout cela, songez-y bien, électeurs, tout cela, parce que vous avez été trop crédules, et que vous avez attribué à un empereur tous les biens que vous deviez à votre travail, à la nature, aux progrès de la civilisation.

Avec notre bulletin de vote, avec notre intelligence et nos deux bras, nous pouvons réparer tous nos désastres, mais à une condition : soyons nos maîtres.

« Ne t'attends qu'à toi seul, » disait déjà de son temps le grand Lafontaine. Suivons ce sage avis. Avant de voter, réfléchissons mûrement aux conséquences de cette sérieuse action.

Qu'il s'agisse d'élire nos conseillers municipaux ou nos députés, disons-nous bien qu'avec notre petit carré de papier nous pouvons causer le bonheur ou le malheur du pays. Soyons prudents, soyons attentifs avant de donner notre voix à ceux qui la sollicitent.

Surtout, ne manquons pas d'aller au scrutin. Compter sur les autres est une grande faute. Si chacun raisonnait ainsi quand vient la moisson et si chacun restait chez soi, les épis pourriraient sur place et nous mourrions de faim.

Une bataille peut être perdue pour une sentinelle endormie. Veillons! A chacun sa part de travail et de responsabilité.

II

AUTORITÉ DU SUFFRAGE UNIVERSEL

Et maintenant que nous avons bien compris l'importance du droit de suffrage, examinons pour quelles raisons il n'est de véritable loi que celle qui est faite avec le concours de tous les citoyens.

Pourquoi le suffrage universel est-il la seule autorité légitime? pourquoi est-il la condition nécessaire de l'ordre public?

La question ne doit point rester obscure. De tout temps on a élevé contre la valeur de la loi née du suffrage universel l'objection suivante :

« Le véritable et seul souverain, c'est la raison ;
« donc ce n'est pas le nombre. Et comme la raison
« ne saurait dépendre d'une addition d'opinions qui
« peuvent être absurdes, il faut en conclure que le
« vote universel est contraire à la souveraineté de la
« raison. »

Notre réponse sera brève.

Oui, la raison est souveraine; oui, l'idée du droit est à demeure dans toute conscience humaine; mais l'homme ne vit pas seul; il naît et se développe au milieu de ses semblables. A quels signes invariables reconnaître l'excellence de l'opinion émise par tel ou tel citoyen ? Quelle est la preuve irrécusable que Pierre a raison contre Paul ? Pourquoi imposerais-je mes principes à ceux qui m'entourent ? Pourquoi serais-je contraint d'accepter les leurs ? Il faut donc un pouvoir supérieur à toutes les individualités, il faut une règle commune, une loi qui soit l'expression de la volonté générale. De là l'origine du droit formulé par le suffrage universel.

Avec le suffrage universel, tous les citoyens contribuent à la création de la loi; nulle individualité ne peut se dispenser dès lors de se soumettre aux prescriptions que la majorité de la nation a édictées. Tel est l'antagonisme profond de la forme monarchique et de la forme républicaine. Le roi dit : Je veux ; la souveraineté nationale dit : Voici les vœux de la majorité. Les monarchistes repoussent, récusent le pouvoir indocile du nombre; nous redoutons le fanatisme et l'arrogance de l'individu.

Frédéric de Prusse, écrivant en tête de son code : « Je représente la société, » est aussi peu digne de foi que Louis XIV prétendant régner par l'ordre de Dieu.

Sans doute, l'opinion émise par la majorité ne peut changer ma conscience, et, serais-je seul de mon avis que je me conserverais encore le droit de protester contre l'humanité tout entière ; mais plus j'accorde à l'individu, et plus je suis autorisé à attendre de lui.

Loin de nier la loi morale, celui qui s'incline devant la volonté de tous montre seulement qu'il ne réclame aucun privilége pour sa raison et qu'il sait faire à l'intérêt général le sacrifice de son égoïsme.

Mais, dit-on, la majorité est changeante. Nous répondrons d'un mot : l'individu a-t-il une volonté immuable ?

Assurément, les arrêts de la majorité sont sujets au changement ; mais faut-il le regretter ou le trouver utile et juste ?

Quiconque pense, ne peut admettre une règle immuable pour les sociétés, sans nier par cela même la loi du progrès.

Toute minute voit naître un enfant qui raisonnera un jour et qui aura le même droit que ses aïeux de contribuer à la souveraineté. Enchaîner cet homme nouveau à une loi qu'il n'aura pas la faculté de débattre, c'est lui ôter sa liberté et c'est priver peut-être le corps social du concours le plus précieux.

Sans doute, la majorité ne prouve rien si, enfantée par l'oppression, elle est un total de mensonges ; mais elle constitue une force inviolable, si elle est une addition d'opinions sincères et de volontés libres.

Nous ne soutenons pas l'infaillibilité du suffrage universel ; nous affirmons ici son autorité suprême toutes les fois qu'il sera libre et éclairé.

Contre les institutions nées de l'assentiment du plus grand nombre, les minorités seront-elles sans droit ? Certainement non ! Les minorités ont un droit sacré et primordial : *convaincre la majorité*.

A toute heure, elles peuvent, elles doivent faire entendre leur voix. Souvent à l'avant-garde, presque toujours dépositaires des vérités qui seront incontestées dans l'avenir, elles sont appelées à peupler le monde intellectuel ; tout gouvernement qui les froisse ou les entrave dans leur libre expansion met obstacle au développement naturel du progrès.

Le droit de convaincre, reconnu aux minorités, impose donc aux majorités le respect des opinions individuelles ou collectives.

Sans la libre manifestation des intelligences, nous sommes condamnés à l'immobilité.

Sous le régime du suffrage universel, la minorité provoque, réveille, persuade ; la majorité examine et sanctionne.

Place à la pensée, place au livre, place à la parole. « L'orateur, a écrit Edgar Quinet, n'est pas seule-
« ment le messager des vérités qu'il annonce, il en
« est le garant et le témoin. »

Faciliter aux novateurs ou aux dissidents obstinés les moyens d'exposer leurs théories, c'est compléter le suffrage universel, c'est clore la période des révolutions violentes, c'est réserver une défaite certaine aux fausses doctrines, c'est assurer la victoire du bon sens.

Après avoir établi l'autorité du suffrage universel, tout en constatant ses déplorables défaillances sous le second empire, essayons de résumer son histoire.

III

HISTOIRE DU SUFFRAGE UNIVERSEL DEPUIS LA RÉVOLUTION DE 1789

Le vote universel ou à peu près universel a été organisé en France :

1º Par une législation promulguée depuis 1789 jusqu'en 1791, et par la constitution de 1791;

2º Par une législation promulguée depuis le 10 août 1792, jusqu'à la constitution démocratique du 24 juin 1793;

3º Par la constitution de 1793;

4º Par la constitution du 5 fructidor, an III, et par les lois organiques de cette constitution;

5º Par le décret du gouvernement provisoire du 5 mars 1848 et par la loi électorale du 15 mars 1849;

6º Par la loi du 31 mai 1850 et par le décret organique du 2 février 1852.

Disons un mot de chacune de ces lois.

Le décret du 22 décembre 1789 établit l'élection par département des députés à l'Assemblée nationale.

Nul n'est élu, s'il ne réunit la majorité des voix des électeurs du département.

Le décret précité et la constitution de 1791 déclarent électeur tout citoyen *actif*.

Le citoyen actif doit être Français, âgé de 25 ans accomplis, domicilié dans la ville ou le canton depuis un temps déterminé.

Il doit payer dans un lieu quelconque du royaume une contribution directe au moins égale à la valeur de trois journées de travail, être inscrit dans la municipalité de son domicile au rôle des gardes nationales, avoir prêté le serment civique.

Il ne doit pas être serviteur à gages.

L'élection est à deux degrés. Les assemblées primaires, composées de tous les citoyens actifs, se réunissent *au chef-lieu du canton* pour nommer des électeurs. Tous les électeurs nommés par les assemblées primaires du département se réunissent ensuite pour élire les représentants de ce département à l'Assemblée nationale.

En vertu du décret du 22 décembre 1789, pour être *éligible* à la représentation nationale, il faut être citoyen actif, payer une contribution directe *équivalente à la valeur d'un marc d'argent*, enfin posséder une propriété foncière quelconque.

Pour être choisi par les assemblées primaires comme électeur départemental, il fallait réunir aux conditions de citoyen actif celle de payer une contribution au moins égale à la valeur locale *de dix journées de travail*.

« Ces conditions d'éligibilité, écrivait Armand Marrast, furent imposées par le parti antipopulaire des nobles et des prêtres ; elles avaient soulevé dans l'assemblée les plus vives réclamations de la part des députés qui soutenaient alors les droits du peuple. »

Les journaux du temps éclatèrent en reproches contre la majorité de l'assemblée qui, disaient-ils, venait de consacrer de nouveau l'aristocratie des richesses.

Quoi ! s'écriaient les journalistes les plus dévoués à l'assemblée ; quoi ! nos plus dignes députés actuels ne seraient plus éligibles ? Quoi ! cette portion de citoyens qui a tout sacrifié pour se livrer à l'étude ne sera pas éligible ?

« Le décret du marc d'argent, disait Camille Des-
« moulins, vient de constituer la France en gouver-
« nement aristocratique. Pour faire sentir toute
« l'absurdité de ce décret, il suffit de dire que

« J.-J. Rousseau, Corneille, Mably, n'auraient pas « été éligibles..... »

Les protestations furent si vives que la constitution de 1791 supprima la condition du marc d'argent. Elle proclama que tous les citoyens actifs, quels que fussent leur état, profession et contribution, pouvaient être élus représentants de la nation.

Mirabeau avait déjà affirmé ce principe, le 10 décembre 1789, en disant: « Déterminer un certain degré de fortune ou un certain ordre de naissance, et en faire une condition d'éligibilité, c'est frapper tous ceux qui sont hors de cette ligne, c'est prononcer exclusion contre eux, c'est les déshériter *d'un droit naturel.* »

Dans les assemblées électorales, le vote de chaque électeur devait être écrit par lui sur le bureau ou dicté par lui aux scrutateurs, s'il ne savait pas écrire. Les bulletins apportés tout écrits n'étaient pas reçus. *Décret du 28 mai 1790, art. 3.*

L'assemblée des représentants était seule juge de l'éligibilité et de la capacité de ses membres. *Constitution de* 1791.

Le 28 septembre, l'assemblée décrète que tout homme de quelque couleur et religion qu'il soit sera admissible, en France, à tous les droits que donne la constitution, si toutefois il remplit les conditions exigées.

Le 1er octobre une nouvelle assemblée, la Législative, élue suivant la nouvelle loi électorale, se réunit dans la salle du Manége. Après le 10 août, elle décrète la convocation d'une Convention nationale et ordonne la réunion des comices primaires pour le choix des électeurs.

La distinction entre les *citoyens actifs et les citoyens non actifs* est supprimée. Aucune condition restrictive n'est imposée à l'électeur ou au candidat.

Il suffit pour être admis aux assemblées primaires d'être Français, âgé de 21 ans, domicilié depuis un an dans le département et de n'être pas en état de domesticité.

Tout citoyen peut devenir représentant, s'il est âgé de 25 ans et s'il réunit les conditions nécessaires pour être électeur.

C'est encore le suffrage à deux degrés ; mais l'assemblée affirme dans les considérants de son *invitation* qu'elle n'a pas le droit de soumettre à des règles impératives l'exercice de la souveraineté dans la formation d'une Convention. Elle *invite* les citoyens, au nom de l'égalité, de la liberté et de la patrie, à se conformer aux règles qu'elle indique. L'art. 14 du décret, considérant que les circonstances et la justice sollicitent également une indemnité en faveur des électeurs obligés de s'éloigner de leur domicile, fixe cette indemnité à vingt sous par lieue et trois livres par jour de séjour.

Le 21 septembre 1792, la Convention nationale tient sa première séance sous la présidence de Pétion et abolit la royauté en France.

Le 25 du même mois, la République française est déclarée une et indivisible.

Le 6 octobre, une loi autorise les assemblées électorales à nommer un nombre de suppléants égal à celui des députés qui pourraient avoir donné leur démission ou refusé d'accepter leur mandat.

Après la mise en accusation de Louis XVI, et la formation d'une coalition européenne contre la France, une loi du 22 décembre porte que pour être admis à voter dans les assemblées primaires, il faudra prêter le serment à *la liberté* et à *l'égalité*.

Le 24 juin 1793, la nouvelle constitution est décrétée, mais elle devra être soumise à l'acceptation du peuple. Aussi, le 10 août suivant, les députés des assemblées primaires des 44,000 communes de la République déposent-ils au Champ de Mars, sur l'autel de la patrie, leur vœu d'acceptation.

Voyons comment cette constitution nouvelle avait organisé le système électoral.

Les deux degrés sont supprimés, l'élection est directe. Il y a un député en raison de quarante mille individus. Le vote par arrondissements électoraux remplace le vote par département. Le comité a écarté la représentation départementale ; on a cru ainsi éviter le fédéralisme en empêchant les députés de parler désormais au nom de leur département.

Tout Français exerçant les *droits de citoyen* est *éligible* dans l'étendue de la République.

Est citoyen, tout *homme* né et domicilié en France, âgé de vingt et un ans accomplis.

Est admis à l'exercice des droits de citoyen, tout *étranger* âgé de 21 ans accomplis, qui domicilié en France depuis une année, y vit de son travail, ou acquiert une propriété, ou épouse une Française, ou adopte un enfant, ou nourrit un vieillard ; tout étranger qui est jugé par le Corps législatif avoir bien mérité de l'humanité.

Tous les deux ans, le peuple français doit s'assembler *de plein droit*, le premier mai, pour les élections.

La constitution de l'an III, inspirée par un esprit de haine contre la révolution, reproduit en l'empirant la législation électorale de 1791. Le système de l'élection directe qui ferme la porte à l'intrigue et à la médiocrité est repoussé par la réaction de Thermidor. On rétrograde aux assemblées primaires, on substitue le caprice d'un corps électoral restreint au choix direct du peuple. « Il convient, suivant l'expression de Boissy-d'Anglas, après avoir immolé les tyrans, d'ensevelir leur odieux ouvrage dans la même tombe qui les a dévorés. »

Pour être élu membre du *Conseil des Cinq Cents*, il faudra être âgé de trente ans et avoir été domicilié sur le territoire de la république pendant les dix années qui auront précédé l'élection.

Pour être élu au *Conseil des Anciens*, il faudra être marié ou l'avoir été, être âgé de 40 ans au moins, et avoir été domicilié sur le territoire de la République depuis quinze ans.

Les candidatures seront soumises aux formalités multiples d'une inscription destinée à l'établissement de listes d'éligibilité.

La loi du 25 fructidor an III renchérit encore sur la constitution de l'an III. Pour les proscripteurs d'alors, il n'est pas question de connaître par le scrutin la volonté de la nation, il s'agit d'empêcher « les brigands de l'ancienne Montagne » d'entrer au Corps législatif. Les bulletins *de réduction* et *les listes épuratoires* servent les passions haineuses des ennemis de la République.

Le suffrage universel est mutilé ou aboli par les constitutions, les sénatus-consultes ou les chartes de l'an VIII, de l'an XII, de 1814, de 1815, de 1830.

La constitution de l'an VIII inaugure le consulat et les listes de confiance formées du dixième des citoyens.

Le sénatus-consulte de l'an XII confie, en réalité, le choix de tous les représentants de la nation à un empereur absolu.

Avec la charte constitutionnelle du 4 juin 1814, les électeurs qui concourent à la nomination des députés ne peuvent avoir droit de suffrage, s'ils ne paient une contribution directe de 300 francs et s'ils ont moins de 30 ans ; aucun député ne peut être admis dans la chambre s'il n'est âgé de 40 ans et s'il ne paie une contribution directe de 1,000 francs.

Les pairs à vie ou héréditaires sont nommés par le roi.

L'acte additionnel du 22 avril maintient les dispositions de l'an X et crée une représentation particulière pour la propriété manufacturière et commerciale.

La charte de 1830, mesurant encore la capacité de l'électeur et de l'éligible à la fortune, exige du premier une contribution de 200 francs et du second un cens de 500 francs.

La révolution de 1848 vient enfin mettre un terme aux tristes pratiques qui confondent le droit des citoyens avec leur fortune.

Le décret du gouvernement provisoire, en date du 5 mars 1848, proclame que l'élection aura pour base la population *et que le suffrage sera universel et direct.*

Tout Français âgé de 21 ans, résidant dans la commune depuis six mois est électeur.

Tout Français âgé de 25 ans est éligible.

Le décret n'exclut de l'électorat ou de l'éligibilité que les Français *judiciairement* privés ou suspendus de l'exercice des droits civiques.

Tous les électeurs voteront au chef-lieu de leur canton.

L'article quatre de la constitution, publiée le 4 novembre 1848, donne pour base à la République: la famille, le travail, la propriété, l'ordre public; le décret du gouvernement provisoire devient la loi électorale définitive.

L'article 28 crée une incompatibilité absolue entre le mandat de représentant du peuple et toute fonction publique rétribuée.

La loi du 15 mars 1849 consacre les mêmes principes.

Cette reconnaissance effective de la souveraineté nationale contrariait gravement les projets des monarchistes de l'Assemblée législative. Fidèle à la tactique de son parti, le ministre Baroche évoqua le spectre rouge, qui n'était point alors usé, et proposa une loi restrictive du suffrage universel.

« En épurant de plus en plus la liste électorale,
« disait-il dans l'exposé des motifs, vous aurez en-
« levé aux factions leurs instruments les plus
« actifs, leurs agents les plus désespérés, les plus in-
« fatigables. »

La loi du 31 mai 1850 fut votée. Elle devait, dans la pensée du rapporteur, M. Léon Faucher, mettre fin aux anxiétés de l'opinion publique toujours plus grandes à chaque nouvelle élection.

La vérité, c'est que la loi du 31 mai apporta la plus grave modification au système électoral de 1848 et de 1849. Le domicile réel, qui devait être possédé pendant trois ans, remplaçait la résidence de six mois. Il n'était fait d'exception que pour les militaires qui, étant sous les drapeaux et n'ayant pas de demeure fixe, conservaient leur domicile, sans condition de durée, dans la commune où ils avaient satisfait à l'appel.

Pour prouver le domicile, la notoriété publique devenait insuffisante ; la loi limitait les preuves et plaçait, en première ligne, l'inscription au rôle de la taxe personnelle ou à celui des prestations en nature. Des fonctionnaires publics, toujours de l'avis du pouvoir, étaient, en revanche, inscrits sur la liste électorale de la commune où ils exerçaient leurs fonctions, quelle que fût la durée de leur séjour dans cette commune.

Quiconque avait été condamné à plus d'un mois d'emprisonnement pour infraction à la loi sur les clubs ou sur le colportage ne pouvait être inscrit sur la liste électorale pendant cinq ans à dater de l'expiration de la peine.

La dictature de Bonaparte fut le châtiment des hommes qui avaient attenté au suffrage universel.

Le 2 décembre 1851, l'Assemblée nationale était dissoute, et c'était le président de la République, coupable de haute trahison, qui abrogeait la loi du 31 mai. Les détracteurs de la République en sont toujours réduits à invoquer son nom et à simuler un ardent amour pour ses principes. Après le scrutin du 21 novembre, M. Troplong eut le courage de dire devant le Corps législatif : « La République est

» virtuellement dans l'empire à cause du caractère
» contractuel de l'institution. » Et cependant, malgré ce honteux sophisme, le suffrage universel, rétabli par le décret organique du 2 février 1852, n'allait plus être qu'un mensonge succédant au mensonge des plébiscites. La candidature officielle allait empoisonner toutes les élections, la pression administrative enlever au scrutin toute sincérité, la corruption dégrader le corps électoral.

Ce n'était pas assez pourtant que l'arbitraire présidât à la révision des listes et des circonscriptions, ce n'était pas assez que les réunions électorales fussent interdites ; le sénatus-consulte du 17 février 1858 imposa à tout candidat au Corps législatif le dépôt au secrétariat de la préfecture, huit jours avant l'élection, d'un serment écrit ainsi conçu :
« Je jure obéissance à la constitution et fidélité à
» l'empereur. »

Vingt ans, la France subit ce régime et n'en put sortir que par *une série de désastres* dus à l'incurie de l'empire.

Dès le 8 septembre 1870, le gouvernement de la Défense nationale abrogeait toutes les dispositions législatives postérieures à la loi du 15 mars 1849 et s'inclinait devant la volonté nationale.

« Citoyens, disaient les chefs honnêtes que la

« France avait acceptés à l'heure du péril, la liberté
« la plus entière vous est laissée; aucune autorité
« ne veut peser sur vous ; le mépris public a cou-
« vert les candidatures officielles. Que le suffrage
« universel se prononce ! que le vœu du peuple soit
« connu et proclamé ! »

IV

CONCLUSION

Nous voici donc en possession du droit de voter. République et suffrage universel sont les deux termes d'une même proposition ; ne l'oublions pas.

La monarchie héréditaire exclut l'élection, la forme républicaine l'impose. L'hérédité aliène la liberté des générations futures et nous condamne fatalement à de prochaines révolutions ; la République assure l'ordre par le constant exercice de la souveraineté nationale.

En acceptant le pouvoir d'un roi, le peuple abdique ; en défendant la République, il ne fait que s'opposer à la confiscation de ses droits. Le droit de suffrage pour tous les citoyens, sans hypocrites distinctions basées sur la fortune ou les priviléges, tel est le fait qui domine notre temps, telle est la réalité favorable qui tient en échec la horde des prétendants, telle est la seule base véritablement conservatrice de toute constitution future.

La France a prouvé qu'elle savait user de l'arme pacifique du scrutin, c'est à elle de ne point se la laisser ravir. Convaincus que la volonté du pays, légalement exprimée, est la vraie force de toute démocratie, c'est avec la mitraille des bulletins que les citoyens veulent conquérir la liberté et protéger les institutions républicaines. Si l'Assemblée nationale veut, de son côté, enlever tout prétexte à la violence et obtenir des intérêts individuels le respect de l'intérêt général, qu'elle n'autorise pas la plus légère atteinte au suffrage universel.

TABLE DES CHAPITRES

	Pages.
I. Le suffrage sans réflexion................	3
II. Autorité du suffrage universel............	11
III. Histoire du suffrage universel depuis la Rélution......................................	16
IV. Conclusion.............................	30

Paris. — Imp. Moderne, Barthier, d' rue J.-J.-Rousseau, 61.

STATUTS DE LA SOCIÉTÉ

Révisés par l'Assemblée générale du 26 janvier 1873

Art. 1er. — Il est formé, sous le titre de *Société d'instruction républicaine*, une Association ayant pour but d'éclairer les citoyens sur leurs droits et leurs devoirs.

Les moyens à mettre en œuvre seront : l'institution de conférences élémentaires et la publication de petits livres sur l'histoire, la morale et la politique; la fondation de bibliothèques et de salles de lectures populaires.

Un journal, servant d'organe à la Société, rendra compte de ses travaux et de ses progrès, et il sera lui-même un de ses principaux moyens d'enseignement.

Art. 2. — Un Comité central, composé de vingt membres et siégeant à Paris, est chargé de diriger l'œuvre de l'Association. Il élira lui-même son bureau. — Il sera renouvelable par quart à chaque Assemblée générale.

Art. 3. — Il provoquera dans chaque département la formation de comités locaux qui correspondront avec lui, soit directement, soit par l'intermédiaire d'un Comité départemental.

Un Comité local est réputé formé lorsqu'il est composé de dix membres au moins, qu'il a constitué son bureau et versé la moitié, au moins, des cotisations annuelles de ses membres.

Partout où il n'y aura pas encore de Comité local organisé, le Comité central pourra nommer un membre correspondant.

Art. 4. — Nul ne pourra faire partie de la Société que

s'il est admis par les deux tiers des membres du Comité auquel il sera présenté.

Le Comité central pourra toujours interrompre les relations de la Société avec tout Comité ou groupe local qui ne se conformerait pas aux statuts, sauf recours des intéressés à l'Assemblée générale.

Art. 5. — Le *minimum* de la cotisation, pour tout membre de la Société, est de 12 francs par an. Il recevra gratuitement le journal de la Société.

Les Comités locaux pourront garder le quart de chaque cotisation, si leurs besoins l'exigent. Le reste devra être versé dans la caisse du Comité central.

Art. 6. — Une Assemblée générale des membres du Comité central et des délégués des Comités ou groupes locaux aura lieu chaque année.

Chaque Comité ou groupe local aura un délégué jusqu'à cinquante membres; deux délégués de cinquante à cent membres, et ainsi de suite par fraction de cinquante membres.

Un rapport sur l'ensemble des travaux accomplis et des résultats obtenus sera présenté à l'Assemblée générale par le Bureau du Comité central.

Les présents statuts pourront toujours être complétés ou modifiés par l'assemblée générale.

Toute proposition statutaire devra être déposée au secrétariat un mois avant l'Assemblée générale.

Les adhésions et cotisations doivent être adressées à M. Auguste MARAIS, 161, rue Saint-Jacques, à Paris.

EN VENTE :

L'Instruction républicaine, par Jules BARNI, député, ancien Inspecteur général de l'Instruction publique (2ᵉ édition).

Les Paysans avant 89, par Eug. BONNEMÈRE, publiciste, auteur de l'*Histoire des Paysans* (3ᵉ éd.).

La République c'est l'ordre, par D. ORDINAIRE, publiciste, 4ᵉ éd.

La Question militaire et la République, par Raymond FRANC.

Ce que disent les Bonapartistes, par A. HENRYOT, avocat à la Cour d'appel de Paris.

La vérité sur le Deux Décembre, par Georges LASSEZ.

Les Paysans après 1789, par Eugène BONNEMÈRE, publiciste.

La Liberté organisée, par Léon JOURNAULT, député de Seine-et-Oise.

Les Prétendants et la République, par D. ORDINAIRE.

La fin des Révolutions par la République, par H. MAZE, ancien préfet des Landes.

Les Principes et les Mœurs de la République, par Jules BARNI, député, ancien Inspecteur général de l'Instruction publique.

PARAIT DEPUIS LE 14 JUILLET :

LE PATRIOTE, *moniteur républicain du suffrage universel*, journal hebdomadaire. Bureaux d'abonnement pour Paris, chez GERMER-BAILLIÈRE, éditeur, 17, rue de l'École-de-Médecine.

Prix de l'abonnement d'un an. . . . 8 fr.
Le numéro, 10 cent. — 15 cent. en province.

POUR PARAITRE INCESSAMMENT :

Le Maître d'École, par Eug. BONNEMÈRE.

Et d'autres écrits populaires par MM. N. LÉVEN, L. RIBERT, JOIGNEAUX, MARIO PROTH, CLAMAGERAN, EDGAR QUINET, DUSOLIER, E. SPULLER, LAURENT PICHAT, J. CAZOT, etc.

CONDITIONS DE PROPAGANDE

50 exemplaires pris ensemble. . . . . 5 fr. 50
150 — — . . . . 15 fr.

Pour renseignements et adhésions, s'adresser à M. Aug. MARAIS, 161, rue Saint-Jacques.

www.ingramcontent.com/pod-product-compliance
Lightning Source LLC
Chambersburg PA
CBHW060523050426
42451CB00009B/1127